CATALOGUE

DE

BELLES TAPISSERIES

DE BEAUVAIS, ÉPOQUE LOUIS XVI

Panneaux et Lambrequins

MEUBLES ANCIENS

Commode et Secrétaire laqués — Bureau

Commodes — Tables — Meubles, etc.

Belles Girandoles Louis XVI — Cartel Louis XV

Cafetière en argent — Tableaux — Porcelaines

DONT LA VENTE AURA LIEU

Par suite du décès de Mme X.

HOTEL DROUOT, SALLE N° 2

Le Lundi 15 Avril 1889

A 3 HEURES

Me FÉLIX ALBINET	M. CHARLES MANNHEIM
COMMISSAIRE-PRISEUR	EXPERT
51, rue de Maubeuge, 51	7, rue Saint-Georges, 7

EXPOSITION PUBLIQUE

Le Dimanche 14 Avril 1889, de 1 heure à 5 heures.

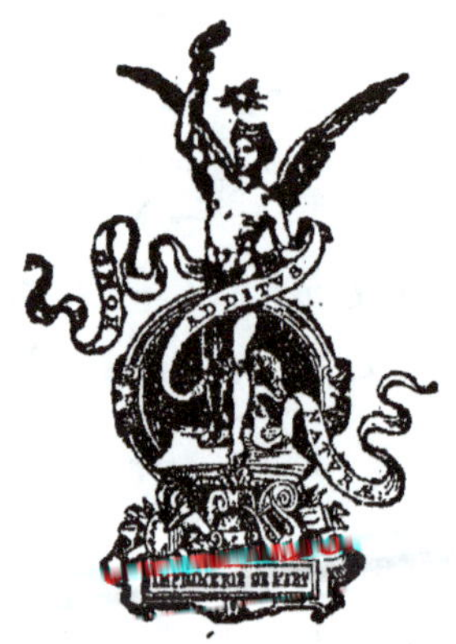
ADDITVR
IMPRIMERIE DE PARIS

CATALOGUE

DE

BELLES TAPISSERIES

DE BEAUVAIS, ÉPOQUE LOUIS XVI

Panneaux et Lambrequins

MEUBLES ANCIENS

Commode et Secrétaire laqués — Bureau
Commodes — Tables — Meubles, etc.

Belles Girandoles Louis XVI — Cartel Louis XV

Cafetière en argent — Tableaux — Porcelaines

DONT LA VENTE AURA LIEU

Par suite du décès de Mme *X.*

HOTEL DROUOT, SALLE N° 2

Le Lundi 15 Avril 1889

A 3 HEURES

Me FÉLIX ALBINET	**M. CHARLES MANNHEIM**
COMMISSAIRE-PRISEUR	EXPERT
51, rue de Maubeuge, 51	7, rue Saint-Georges, 7

EXPOSITION PUBLIQUE

Le Dimanche 14 Avril 1889, de 1 heure à 5 heures.

CONDITIONS DE LA VENTE

Elle sera faite *expressément* au comptant.

Les acquéreurs payeront en sus des enchères *cinq pour cent*, applicables aux frais de la vente.

L'exposition mettant le public à même de se rendre compte de l'état et de la nature des objets, il ne sera admis aucune réclamation une fois l'adjudication prononcée.

Paris. — Imprimerie de l'Art. E. Ménard et Cⁱᵉ, 41, rue de la Victoire.

DÉSIGNATION DES OBJETS

Objets provenant de la succession de Mme X.

TAPISSERIES

1 — GRANDE ET BELLE PORTIÈRE en tapisserie de
Beauvais, de l'époque Louis XVI, d'un décor
très élégant consistant en corbeilles et guirlandes de fleurs, oiseaux, médaillon représentant la fable des Deux Pigeons encadré de deux
palmes, draperies frangées d'or, etc.; le tout
sur fond blanc; bordure sur les côtés à festons
de feuillages sur fond bleu de ciel. — Haut.,
2 m. 90 cent.; larg., 1 m. 90 cent.

2 — DEUX PANNEAUX D'ENTREDEUX en même tapisserie, fond blanc, à perroquets, oiseaux,
guirlandes et corbeilles encadrés de festons de

feuilles ; bordure sur trois côtés à fond bleu de
ciel. — Haut., 4 m. 30 cent.; larg., 60 cent.

3 — TROIS LAMBREQUINS et deux embrasses de
même tapisserie, à décor de guirlandes suspen-
dues par des rubans sur fond blanc, et bordure
festonnée à fond bleu de ciel, ornée de festons
de feuilles.

4-5 — Deux très jolies tapisseries de l'époque
Louis XV, représentant des pastorales : la
Balançoire et l'Arbre de mai ; gracieuses com-
positions dans le goût de Boucher, encadrées
de guirlandes de fleurs et de feuillages. Pour-
tour à fond vert. — Haut., 3 m. 40 cent.; larg.,
1 m. 55 cent.

MEUBLES

6 — Commode, de forme contournée, en amarante
et bois rose, garnie de cuivres rocaille, et à tablette de marbre gris. Époque Louis XV.

7 — Commode, de forme contournée, en bois laqué

dans le goût chinois, à décor de plantes fleuries et d'oiseaux en dorure sur fond noir; elle est garnie de cuivres ciselés et dorés, chutes, sabots, poignées, etc. Tablette de marbre bleu turquin. Époque Louis XV.

8 — Secrétaire du temps de Louis XV, laqué dans le goût chinois, à figures et kiosques en dorure sur fond noir, et garni de cuivres ciselés et dorés. Dessus en marbre portor.

9 — Bureau Louis XV, à dos d'âne et à pieds contournés, en bois satiné, garni de cuivres.

10 — Petite table de nuit carrée et à pieds Louis XV, en palissandre et bois rose, à dessus de marbre blanc.

11 — Petite table de dame, à dessus ovale en marbre blanc, et tablette d'entrejambes, modèle rognon.

12 — Grande console rectangulaire, du xviii* siècle, en bois sculpté et doré, à bandeau décoré de feuilles d'acanthe et à pieds en consoles reliés par une entretoise. Dessus en marbre.

BRONZES D'AMEUBLEMENT

13 — Deux beaux flambeaux en bronze ciselé et doré, d'un élégant modèle du temps de Louis XVI, à douille cannelée et feuillagée, à tige fuselée à têtes de béliers, reliés par des guirlandes, et à pieds à ressauts alternant avec des guirlandes de roses encadrant des écussons chiffrés.

14 — Deux couronnements de flambeaux à quatre lumières chaque, style Louis XVI, à enroulements et feuillages.

15 — Deux grandes girandoles du temps de Louis XVI, en bronze ciselé et doré, à trois branches porte-lumières, surmontées d'une cassolette pouvant former une quatrième lumière ; tiges ornées de pentes de feuilles et flanquées de trois pilastres à partie supérieure en volutes.

16 — Cartel de l'époque Louis XV, en bronze ciselé et doré, à rinceaux contournés et branches de fleurs ; sous le cadran, un coq debout sur une

feuille d'acanthe ; il est surmonté d'une figurine d'enfant assis, appuyé sur une sphère.

17 — Encrier en cuivre poli, à mascarons et griffes, surmonté d'un plumier porté par des griffons.

18 — Petite pendule fin Louis XVI, en bronze doré, en forme d'édicule à colonnettes.

PORCELAINES

19 — Deux cornets formant jardinières en porcelaine décorée en bleu, rouge et or, dans le goût japonais, et montés en bronze.

20 — Deux appliques à deux lumières, en porcelaine de Saxe moderne, avec plaque décorée d'un blason.

21 — Deux seaux en porcelaine décorée de bouquets polychromes et de fleurs jetées, genre Sèvres.

22 — Groupe de quatre figurines d'enfants en faïence décorée.

TABLEAUX

23 — **Van Loo** (D'après). Deux tableaux ovales :
la Peinture et la Sculpture.

24 — **Poussin** (École de). Nymphe et Satyres.
Cadre ancien sculpté et doré.

Objets appartenant à divers

TAPISSERIES

25 — Garniture en tapisserie de l'époque Louis
XVI, pour meuble de salon, composée d'un siège
de canapé à sujet de chasse, et un dossier représentant la Balançoire ; huit sièges à décor
d'animaux et huit dos à figures d'enfants ; pour-
tour fond vert à festons de pampre.

26-27 — Deux tapisseries verdure.

28 — Lambrequin en tapisserie.

29 — Tapis oriental en mosaïque de draps de couleur, richement brodé en soie.

MEUBLES

30 — Grand et beau bureau en acajou, à quatre faces et à coins arrondis en ressaut, cantonné de quatre cariatides de femmes en bronze ciselé et doré, et garni de moulures à feuilles d'eau aussi en bronze. Il est à tiroirs sur les deux grands côtés et à portes sur les faces latérales. Style Louis XVI.

31 — Petite commode Louis XV en marqueterie de bois quadrillée, garnie de cuivres.

32 — Petit bureau de dame en marqueterie, orné de bronzes.

33 — Grande lanterne en fer forgé.

34 — Belle toilette Empire, garnie de bronzes
dorés.

OBJETS VARIÉS

35 — Grande cafetière Louis XVI en argent, piri-
forme, côtelée en spirale, élevée sur trois pieds,
et à couvercle surmonté d'une rose.

36 — Deux vases en forme de balustres, à pié-
douches en granit rosé, avec monture de bronze
doré ; culot de feuillages, anses torses s'ap-
puyant sur des masques de satyres ; pomme de
pin sur le couvercle, etc.

37 — Gravure ancienne encadrée.

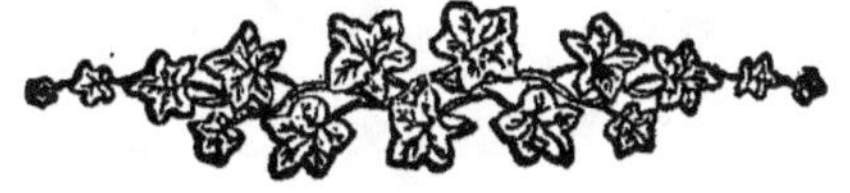

9 782329 516752